食べもの
をつくる・
売る仕事

調べてまとめる！

仕事のくふう ②

パティシエ　えいようし　農家　など

監修：岡田博元（お茶の水女子大学附属小学校）

調べてまとめる！

仕事のくふう② もくじ

この本に出てくるキャラクター

みんなと仕事を見学する3人のなかまだよ。

ハルナ
仕事に使う道具や服、せつびなどを知りたいんだって。

ダイチ
お客さんへの心づかいやサービスにきょうみしんしん！

ユウマ
仕事をしている人のワザに注目しているよ。

この本の使い方

この本では、6つの仕事のくふうをしょうかいしているんだ。みんなが実さいに見学に行ったり、調べたりするときに、役に立つポイントがたくさんあるよ。

① 仕事の現場へGO! きみは何に気づくかな？

見学に行った仕事の名前。

ハルナさん、ダイチさん、ユウマさんがそれぞれ知りたいこと。

教えてくれた人やほかのスタッフが、一日の中でどんなことをしているのか、主なれいをしょうかいするよ。

3人が気づいたこと、ふしぎに思ったことだよ。

② 仕事をしている人へいざしつ問！

知りたいことをもとに、実さいにしつ問をしているよ。

くふうについて、くわしくしょうかいしているよ。

その仕事の中の、ある作業について、それをやりとげるまでの流れだよ。

③ その人ならではのくふうまで聞きだそう！

くふうについてさらにしつ問しているよ。仕事をしている人のこだわりや心がけていることがわかるんだ。

見学したあとの3人の感想だよ。

3

どんな仕事があるかな？

食べものをつくる・売る仕事にはどんな仕事があるかな？
「仕事マップ」をつくって考えてみよう。

ステップ ① 思いだしてみよう！

どんな仕事があるかをさがすために、
たとえば自分のすきなものを思いだしてみよう！

ぼくは
すきな食べものを
思いだしてみるよ！

朝ごはんに
食べるのは？

学校のきゅう食で
お気にいりのりょうりは？

お店でよく食べる
りょうりは？

毎日食べる
ものは？

とくべつな日に
食べたいのは？

ステップ ② 図にしてみよう！

いよいよ「仕事マップ」づくり！　「すきな食べもの」を
まん中にして、かかわりのある仕事をどんどん書きだしていくよ。

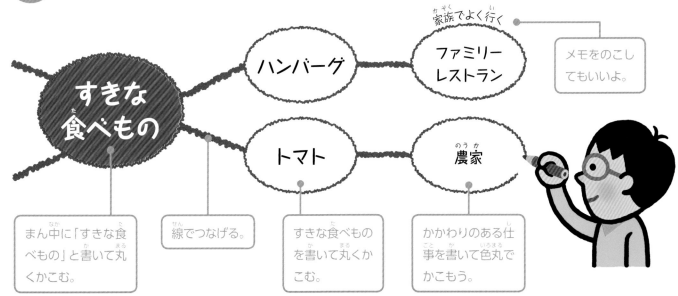

家族でよく行く

すきな
食べもの

ハンバーグ

ファミリー
レストラン

メモをのこし
てもいいよ。

トマト

農家

まん中に「すきな食べもの」と書いて丸くかこむ。

線でつなげる。

すきな食べものを書いて丸くかこむ。

かかわりのある仕事を書いて色丸でかこもう。

③ 仕事マップができた！

よく食べるごはんやお店を中心に
いろいろな仕事を思いだすことができたよ！

食べものをつくる・売る仕事

農家

ラーメン屋さん

りょうりをする人

行列ができる！
やきにく屋さん

トマト

ラーメン

すししょく人

家族でよく行く
ファミリーレストラン

やきにく

すし

わがし
しょく人

おまんじゅう

**すきな
食べもの**

ハンバーグ

レストラン
店員

コロッケ

きゅう食の
五目豆ごはん

ケーキ

パティシエ

シェフ

こん立を考えている？
えいようし

ぼくはケーキの
つくり方を知りたいから、
パティシエの
仕事を調べよう！

5

仕事ファイル 01
レストラン店員

知りたいことを
見つけよう！

教えてくれるのは
相良涼子さん

ファミリーレストラン「ガスト」
のマネージャー（店長）。

?? 耳に
つけているのは
なんだろう？

小さい子が
クイズであそんで
いるよ！

知りたいこと 1

身につけている
道具は何に使うの？

あついりょうりを
スムーズに
出している！

6

たくさんのお客さんをあんないしたり、
りょうりをとどけたりするレストラン店員。
お客さんが、いつもおいしいりょうりが食べられて、
きもちよくすごせるのは、一体なぜなんだろう？

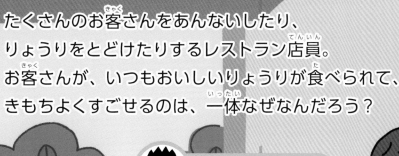

 知りたいこと**2**

あんないするときに
気をつけている
ことはあるのかな？

知りたいこと**3**

りょうりを運ぶ
コツってあるのかな？

グループの
お客さんもいれば
一人のお客さんも
いるよ。

おぼんを
上手に使って
いるよ！

午前5:30
そうじ

6:00
開店

9:00
食ざいがとどく

10:00
ドリンクや食ざいの
下ごしらえ

12:00
ランチタイムのせっ客

午後3:00
ディナーのじゅんび

そうじをしておわり！

7

レストラン店員の くふうを教えてください

どんなものを 使いますか？

テーブルをふくダスターや、りょうりを運ぶトレンチはかかせません。また、スタッフどうしでれんらくを取りあうインカムも大事です。これらを使って、お客さまがきれいな場所できもちよくすごし、できたてのりょうりを食べられるようにしています。

使うもののくふう

インカム

マイクとイヤホンがあり、空いているせきなどをスタッフどうしでつたえあう。

ダスター

そうじに使うふきん。店内をきれいにたもてるよう、いつも持ちあるいている。

トレンチ

りょうりや食べおわった皿をのせて運ぶおぼん。一度にたくさん運べる。

服

ヘアゴムで長いかみの毛をまとめて、せいけつに。

お店のふんい気に合わせて黒でそろえたユニフォーム。

りょうりを とどけるまで を教えてください！

お客さんを あんないする

チェック1

お客さんが タブレットで注文する

チェック2

キッチンのプリンターに 注文がとどく

チェック1

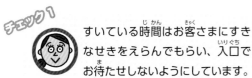
すいている時間はお客さまにすきなせきをえらんでもらい、入口でお待たせしないようにしています。

すぐにせきにすわれるのはうれしいですね！

チェック2

苦手な食ざいを聞いた場合は、すぐにインカムでキッチンにつたえます。

知りたいこと2

あんないするときは 何に気をつけている のですか?

お客さまの人数や年れいなどに合わせて、きもちよくすごしていただけそうなせきをえらんでごあんないしています。また、小さなお子さまにはテーブルであそべるおもちゃを用意しているんですよ。

お客さんへのくふう

人数に合わせてごあんない

グループのお客さんと一人のお客さんははなれたせきに。一人のお客さんが落ちついてすごせる。

おもちゃのプレゼント

小さな子どものためにおもちゃを用意。たいくつせずにりょうりを待つことができる。

ワザのくふう

重いものは手前、軽いものはおくに

運ぶ人から見て手前に重いメインのりょうり、おくにライスなどの軽いものをおくと安定する。

やけどをふせぐ声かけ

あついりょうりを出すときは、お客さんの顔を見て「あついのでお気をつけください」と声をかける。

お気をつけください。

知りたいこと3

りょうりを運ぶ ときのくふうを 教えてください!

トレンチの上でりょうりが安定するように、のせ方をくふうしています。また、あついりょうりを出すときには、やけどしないように、お話し中のお客さまでも声をかけたり、お子さまの前におかないようにしたりしています。

注文に合わせて りょうりをつくる

インカムがあればいっしゅんでつたえられるんですね。べんり!

りょうりをお客さんの テーブルに運ぶ

食器を下げるタイミングもお客さまのようすをよく見て決めているんです。

お客さんの 食器を下げる

チェック3

食事のあともお客さんがきもちよくすごせるように、気を配っているんですね!

ありがとう ございました!

自分だけの
くふうを教えてください

もっと教えて！

お客さんによろこんでもらう
くふうを教えてください！

お客さまのきもちに気づき、1秒でも早くそれにこたえることです。声をかけられたときはもちろん、お客さまの仕草にも注目して、お待たせすることのないようにしています。

パソコンを
持っているから
コンセントのあるせきに
あんないしよう。

コップを持って
きょろきょろしている。
ドリンクバーの使い方が
わからないのかも！

足が悪いのかな。
あまり歩かないですむ入口
近くにあんないしよう。

伝票を手に取って
いるからお会計ね。

もっと教えて！

メニューは
全部おぼえて
いますか？

もちろんです！　新メニューは毎月出て、それによって作業の手じゅんがかわるので、いつも勉強しています。新メニューのことはスタッフ用のタブレットで見られるので、仕事いがいの時間でもかくにんできてべんりなんですよ。

なるほど！

もっと教えて！

じまんのワザはありますか？

食器をてきぱきとかたづけることです！　コツは「こまごまと、かたづけながら動くこと」。たとえばお客さまのご用をうかがったら、もどるときにさっとべつのお客さまの食器を下げます。一つの作業だけこなすのではなく、お店全体のようすに気を配るのがポイントですね。

お待たせしました！

お下げします！

いつもは……

何かあった？

もっと教えて！

ほかのスタッフにどのように指どうしているんですか？

今は40人くらいのスタッフがはたらいています。みんながきもちよくはたらけるように一人ひとりのようすをよく見て、できるようになったことをほめたり、元気がない人に声をかけたりしています。トレンチの持ち方など、見た目からだけでも「ようすがおかしいな」と気づくこともあるんですよ。

思ったこと・考えたこと

じょうれんさんのこのみはおぼえているんだって！「ソースを用意しておきましたよ」と、たのむ前に言われたら、とてもうれしいね。

仕事の前はかならずけんこうチェックと、手あらいをするんだって。安全なりょうりを食べてもらうための大事なルールだね！

みんな「いらっしゃいませっ！」と、元気にあいさつしていたよ！さいごに「っ」をつけるときもちいいあいさつができるんだって。

シェフ

≋ メニュー
・ニンジンのスープ
・とうもろこ
・ほうれん

知りたいことを
見つけよう!

教えてくれるのは
平岩 隆さん

ビストロ「zoshigaya miyabi」の
シェフ。シェフになって
30年ほど。

ガス台が
たくさん!

知りたいこと1

ビストロって
なんだろう?

知りたいこと2

どんな道具を使う
のか知りたい!

レストランでおいしいりょうりをつくるシェフ。
お客さんに楽しく食事をしてもらうために、
食ざいはもちろん、家具などにもこだわっているよ。

いろいろな
メニューが
あるんだね！

大きさのちがう
ほう丁が
あるよ！

知りたいこと3

メニューは
シェフが考えるの？

どんな
食ざいを
使うのかな？

メニューは
いつも
同じなの？

一日の流れ

午前8:00
りょうりの仕こみを
始める

10:00
食ざいがとどく

10:30
仕こみの
つづきをする

11:00
ランチタイムの開始

午後6:00
ディナータイム
の開始

10:00
お店を
閉める

そうじをしておわり！

13

シェフの
くふうを教えてください

知りたいこと1

ビストロって
なんですか?

ビストロは、フランスりょうりを出す気軽なレストランのことです。

お客さんにりょうりをえらぶ楽しみや、食ざいの新しい味わい方を知ってもらうために、メニューや調理の仕方にもこだわっています。

どれにしようかな……

りょうりをえらんでもらう

決まった組みあわせで出すコースりょうりや、お客さんが自由にえらべる1品りょうりもたくさん用意。

そざいの味を生かす

食ざいそのものの味をお客さんに知ってもらうために、味つけや調理はシンプルにする。

これはしおだけで食べてほしいな!

ぶた肉のにこみ
ができるまで
\ を教えてください! /

食ざいを切る

チェック1

なべでにんにくと玉ねぎをいためる

フライパンでぶた肉をいためる

チェック1

使った道具は、なるべくすぐにあらって、かたづけるようにしています。

こまめにかたづけることで、次の仕事がスムーズにできますね!

チェック2

フライパンにのこった肉汁もいっしょに入れます。

知りたいこと2

こだわりの道具は
ありますか?

ガス台にはとてもこだわりました。りょうりは火かげんが大切なので、弱火から強火まで、家庭用のガス台よりも細かく調せつできるものを使っています。おいしいりょうりをつくるためにはかかせませんね。

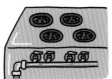

使うもののくふう

服

ガス台
二つのつまみをひねって火の強さを細かく調せつできる。

ほう丁
食ざいのしゅるいや大きさによって使いわける。

黒のエプロンの下に、白いコックコート。やけどなどをふせぐために、ぬのがぶあつい。

ワザのくふう

きせつごとの食ざいを使う
決まったメニューだけでなく、そのきせつにとれるおいしい食ざいを使ったメニューをつくる。

春　夏

秋　　冬

ほかのお店に食べにいく
いろいろなお店のりょうりを食べて、新しいメニューのアイデアを広げる。

知りたいこと3

メニューはどうやって
考えるのですか?

自分の「食べたいな」と思うものを形にしていきます。身近な食ざいでも、「調理の仕方でこんなにおいしくなるんだ!」と思わせるメニューをつくりたいので、いつも新しいアイデアをさがしています。

**なべにぶた肉を
うつす**

チェック2

**トマト缶と
だしを入れる**

**オーブンで
2時間にこむ**

チェック3

\ できた! /

食ざいのおいしさを、すべて生かすくふうなんですね。

チェック3
オーブンは、やくだけでなく、にこむときにも使えるんですよ。

オーブンになべごと入れるんですね、おどろきました!

15

自分だけの くふうを教えてください

もっと教えて！

お客さんに**フランスりょうり**を
知ってもらうためにしている
ことはありますか？

フランスりょうりは味わい深いソース
がとくちょうです。高級なイメージが
あるかもしれませんが、わたしのお店
では気軽に来てもらえるように、ランチではコロッ
ケなどの身近なメニューも用意しています。また、
メニューの名前もわかりやすくして、親しみを感
じてもらえるようにしているんですよ。

コロッケなら
食べてみたい！

ランチ
A.ぶた肉の
　にこみ
B.春やさいの
　コロッケ

≈ メニュー ≈
・ニソワーズサラダ
・とうもろこしのポタージュ
・ほうれん草のキッシュ

どんなりょうりか
想ぞうできる！

もっと教えて！

食ざいはどこで買う
のですか？

安心して食ざいを使いたいので、しんら
いしている農家さんなどから直せつ買
うことがほとんど。野さいはどんなふう
に育てられているか、農家さんの畑へ行って見てた
しかめています。お客さんのためにいい食ざいをえ
らぶこともシェフの大切な仕事の一つですね。

今年は
どうですか？

よく育ったよ！

もっと教えて！

お客さんにきもちよくすごしてもらうくふうはありますか？

おいしいりょうりはもちろん家具にも気を使っています。たとえば、いすはゆったりすわれるものをとくべつにつくったり、お客さんどうしのきょりがあくようにテーブルをおいたり。お客さんに食事をもっと楽しんでもらうために、くつろげる場所をつくっているんですよ。

りょうりがうまくなるコツはなんですか？

つくってみることはもちろんですが、まずは「何が入っているのかな？」と思いながらりょうりを食べてみてください。「この食ざいはどんな人がつくったんだろう？」「味つけには何を使ったのかな？」などときょうみが広がり、りょうりへの思いが高まるはず。そうなれば、つくることもしぜんとうまくなりますよ。

思ったこと・考えたこと

ランチはお客さんのきぼうで始めたんだって。お客さんの声がお店づくりにも生かされているんだね。

なべでは「フォン・ド・ヴォー」というフランスりょうりのだしを仕こんでいたよ。フランスにもだしがあるんだね！

おいしいものを食べると幸せなきもちになるよね。お店に来ていたお客さんたちはみんな明るい顔だった！シェフってすてきな仕事だね。

すししょく人

知りたいことを
見つけよう!

教えてくれるのは
木村隆児さん

「千駄木 鮨隆」の主人。12年しゅぎょうし、自分のお店を開いて10年いじょう。

魚の切り身が
きれいに
ならんでいる!

お客さんに
話しかけて、
何かをかくにん
しているよ。

知りたいこと 1

どんなものを
使うのかな?

「おまかせ」って
書いてあるけど、
なんのこと?

大人も子どもも大すきなすし。すししょく人は、
何年もしゅぎょうをつんで、おいしいすしを
にぎるくふうをしているよ。見てみよう！

知りたいこと2

おいしく食べて もらうくふうは？

ほう丁が
かっこいいね！

大きい！
これは何に
使うの？

知りたいこと3

すしをにぎる前には、 どんなじゅんびを するの？

一日の流れ

午前5:00
市場で魚を買う

7:30
店にもどる

8:00
魚をおろす

午後3:00
すめしをつくる

6:00
開店

6:05
すしをにぎる

お店を閉めておわり！

19

すししょく人の くふうを教えてください

知りたいこと1

どんなほう丁を使っていますか？

ほう丁は使いわけています。魚を切りわける下じゅんびを「おろす」といいますが、おろすときにはじょうぶな出刃ぼう丁、おろした切り身をさらに切るときは、うすくきれいに切れるさしみぼう丁を使います。

使うもののくふう

ほう丁

出刃ぼう丁

さしみぼう丁

出刃ぼう丁は刃があつく、魚のほねも切れる。さしみぼう丁はうすくてするどい。

はん台

すめしをつくるときに使うおけ。大きいとごはんがまぜやすく、早くさめる。

まな板

プラスチックせい

木せい

じゅんびのときは、あらいやすいプラスチックせいを、開店後は、かおりのいい木せいを使う。

ビニールのエプロン

開店前は水仕事が多いので、ビニールのエプロンをつける。

服

「さむえ」という日本に昔からある作業着。服そうでもすし屋のふんいきを感じてもらう。

魚のにぎりができるまでを教えてください！

お客さんが注文する

チェック1

魚を切る

すめしを手に取る

チェック2

チェック1

魚を手に取る前に、わさびをぬるかどうかを聞きます。魚が手で温まらないうちににぎるためです。

魚を手に持っている時間を短くするのが大事なんですね。

チェック2

すめしをかた手で取り、形を整えます。りょうは手に取ればわかります。

知りたいこと2

お客さんにすしを おいしく食べてもらう くふうはありますか？

すしの大きさや、魚のこのみは、人によってちがいます。このみに合ったすしを食べてもらえるように、はじめに聞いたり、注文の仕方をえらんでもらったりしています。

お客さんへのくふう

お客さんのこのみに合わせる

すめしの大きさは、お客さんによってふつう、大きめ、小さめとこのみが分かれるので、にぎる前にお客さんに聞いて合わせる。

注文の仕方は二つ

お客さんがすきな魚を注文する「おこのみ」と、店主のおすすめを組みあわせた「おまかせ」からえらべる。

ふつう
大きめ
小さめ

おまかせで！

ワザのくふう

しおでうまみを引きだす

おろした魚にしおをふって、くさみを取り、うまみを引きだす。しおがまんべんなくかかるように、高い所からふる。

水気をしっかり取る

しおをふって少したつと、魚から生ぐさい水気が出てくる。キッチンペーパーでつつみ、水気をしっかりふきとる。

知りたいこと3

すしをにぎる前には、 どんなじゅんびを しますか？

市場で新せんな魚を仕入れたら、お店にもどってすぐにおろします。おろしたらしおをふり、出てくる水気をふきとると、魚の生ぐささがなくなるんですよ。おいしいすしにするための大切なじゅんびです。

わさびをぬる

切った魚にすめしを合わせる

にぎる

チェック3

\できた！/

しゅぎょうのおかげで、手にすめしのりょうがしみついているんですね。すごい！

チェック3

ぎゅっとにぎるとすめしがかたくなってしまうので、ふわっと整えます。

力かげんでおいしさが決まるんですね！

自分だけの
くふうを教えてください

もっと教えて!

魚はどうやって
えらぶのですか?

2日に1回、東京の豊洲市場に行きます。魚を自分の目で見て、ときにはさわってたしかめてえらびます。市場の中にいる魚屋さんの「なかおろし」となかよくするのも、新せんな魚を仕入れるコツ。おすすめなどを教えてくれるので、市場に行って顔を合わせることを大切にしています。

もっと教えて!

お客さんによろこんでもらう
くふうを教えてください!

お客さんが何を注文したかを伝票に書き、のこしておくようにしています。また来てくれたときに、このみの魚をおすすめできますし、そこから会話がはずむことも多いんですよ。すしをにぎりながら書くのはたいへんですが、お客さんによろこんでもらえるのでがんばっています。

この間は
さんまを……。

もっと教えて！
お店づくりの
くふうはありますか?

もっと教えて！
ほう丁のくふうを
もっと教えてください!

「ひのき」というとてもかおりがいい木を、カウンターやつくえに使っています。ただ、すしは手で食べる人もいるので、魚の油がついた手でさわられるうちに、木がよごれていきます。ですから年に1回、表面をカンナでけずって、豆にゅうをぬっています。こうすると、豆にゅうが木の表面をおおって、よごれがつきにくくなるんですよ。

ほう丁は切れ味のいい鉄せいを使っています。鉄のほう丁はさびやすいので、まんがざっしのたばにさしてしまっています。まんがざっしの紙にはちょうどいいりょうの油がしみこんでいるので、さしておくとほう丁がさびにくくなり、よく切れるじょうたいをたもてるんですよ。もちろん、ほう丁は使う前にあらいます。

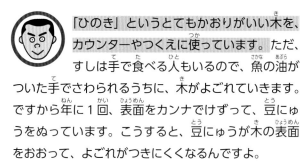

思ったこと・考えたこと

すし屋さんや魚屋さんは、魚を市場で買うんだね。魚をあつかう仕事の人が集まる市場って、おもしろそう！　行ってみたいな。

すし屋さんでは、すめしは「しゃり」、魚かいは「すしだね」とよんでいたよ。すし屋さんならではのことばがあるんだ！

すしは、すめしのにぎり方でもおいしさがかわるんだって。すめしをにぎる数秒の間に、しょく人さんのワザがつまっているんだね！

仕事ファイル 04
パティシエ

知りたいことを
見つけよう！

教えてくれるのは
三谷智恵さん

ケーキ屋「アミティエ」のオーナー
パティシエ。お店を始めて
10年いじょう。

知りたいこと1

どんなものを
使うのかな？

いろいろな
道具があるよ！

このきかいは
何かな？

こなをあみに
通しているね。

知りたいこと2

何をして
いるのかな？

紙の上に
こなを落として
いるぞ？

24

おかしやケーキをつくる人のことを
「パティシエ」というよ。ふわふわの生地、
なめらかなクリームなどは、どんなくふうを
しながら、つくっているんだろう?

知りたいこと3

お客さんに よろこばれる くふうは?

「きせつ商品」って
書いてある!

ケーキいがいの
おかしもたくさん
あるよ!

一日の流れ

午前6:00
ケーキや
やきがしをつくる

8:30
ケーキにクリームや
くだものをかざる

10:00
開店

午後1:00
追加のケーキを
つくる

2:00
やきがしを
ならべる

5:00
キッチンのそうじ

お店を閉めておわり!

25

パティシエの
くふうを教えてください

使うもののくふう

知りたいこと1

どんなものを
使いますか?

あわ立てたり、まぜ
たり、やいたりなど、
ケーキやおかしづく
りには、いろいろな作業のための
道具があります。たくさんの道具
を手ぎわよく使いこなすことも、
パティシエのうで前ですね。

たてがたミキサー
大きなあわ立てきが自動で
回る。ざいりょうをあわ立
てたり、まぜたりするとき
に使う。

はかり
いろいろなざいりょう
の重さをはかるために、
2しゅるいを使いわけ
ている。

こなふるい
あみが細かくはってある。
小麦粉などをふるい、か
たまりを取る道具。

ゴムべら
生地をさっくりとまぜる
ときに使う。ボウルな
どにのこった生地を集
めるのにもべんり。

服
白いコックコート
はよごれが目立つ
ので、せいけつさ
をたもてる。また、
ぶあつい長そでな
ので、やけどや切
りきずから体をま
もってくれる。

ショートケーキ
ができるまで
を教えてください!

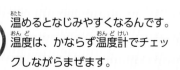

**たまごとさとうを
温めながらまぜる**

チェック1

**たてがたミキサーで
あわ立てる**

チェック2

**小麦粉を
くわえてまぜる**

チェック1

温めるとなじみやすくなるんです。
温度は、かならず温度計でチェッ
クしながらまぜます。

道具を使って温
度を細かくはか
るんですね!

チェック2
ちょうどよくあわ立って、空気
がきちんとふくまれると、色が
白っぽくなるんですよ。

知りたいこと2

こなをふるう
のはなぜですか？

ケーキややきがしのざいりょうにかかせない小麦粉などのこなは、使う前にこなふるいでふるっています。かたまりがなくなり、小麦粉が空気をふくむので、生地がふっくらと仕上がります。

ワザのくふう

使う前にふるう

小麦粉はふるうと空気がふくまれるので、生地の口あたりがとてもよくなる。

紙をしいてふるう

こなをふるうのは紙の上で行う。紙だと手早くこぼさず入れものにうつせるので、むだが少なくなる。

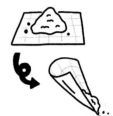

お客さんへのくふう

ざいりょうをかえる

そのきせつにとれるおいしいくだものを使う。春はイチゴ、夏はメロンやマンゴー、秋はイチジクやブドウなど。

クッキーなどのやきがしも

ひやさずにおけて、長もちするやきがしも用意。持ちはこびもしやすくよろこばれる。

知りたいこと3

お客さんに
よろこばれるくふうは？

きせつによって旬のくだものがあります。また、食べたい舌ざわりやのどごし、味もちがうので、きせつに合わせたケーキをつくっています。長もちするやきがしは、おくりもの用にえらばれています。

バターと牛にゅうをくわえてまぜる

かたに入れてオーブンでやく

チェック3

クリームとくだものをかざる

\できた！/

こんなに白くかわるんですね！

チェック3 スポンジ生地のようすを見たり、表面をさわったりして、中まできちんとやけたかどうかをかくにんします。

細かいチェックをするんですね！

27

自分だけの
くふうを教えてください

もっと教えて！

プレートにせつめいを
書いているのはなぜですか？

おかしの名前だけでなく、どんなおかしかもわかってもらうためです。きょうみをもってもらったり、どんな味かを想ぞうしてもらったりして、「食べたい」と感じてもらいたいからです。

プレートを見てみよう！

きせつ商品 　**フレジエ**

イチゴとキルシュ酒とバニラのケーキ。フランスでは定番のイチゴケーキです。

¥ ○○○

もっと教えて！

つくり方はどうやって
思いつくのですか？

ざいりょうやつくり方を「レシピ」といいます。たとえばおいしいくだものを食べると、「あのこう茶のかおりと合いそう」などと新しいおかしのアイデアがうかんでくるので、すぐにメモに書きとめ、ためしにつくってみます。

ためして
みよう！

ためしに2〜5回つくる。

 もっと教えて！

しっぱいをしない くふうはなんですか？

 おかしづくりで大切なのは、レシピどおりにつくることです。そのために、わたしもお店のほかのスタッフも、つくる前にかならずレシピを読みます。また、おかしはざいりょうが１グラムでもちがうと、できあがりがかわってしまうので、はかりできちんとはかります。

しっぱいしちゃった～！

ぜったいに
しっぱい
しないわ！

何度も何度もつくっておぼえているつもりでも、レシピを読まないとうっかりまちがえてしまうことがあるので、かならず読む。

オーケー！

はかりまちがいのないように、かならず２回はかる。

オーケー！

入れわすれがないように、つくりはじめる前に、全部のざいりょうをならべてかくにんする。

思ったこと・考えたこと

ケーキ屋さんには道具がたくさんあったよ！いろいろなケーキややきがしをつくるから、道具もたくさんいるんだね。

使った道具はすぐにあらっていたよ。せいけつにすることも、おかしづくりの大事なポイントなんだね。

何度もつくったおかしでも、毎回レシピをかくにんするんだね。ぼくもおかしをつくるときは、よくレシピを読もう！

えいようし

知りたいことを見つけよう!

教えてくれるのは
佐竹未希さん

埼玉県さいたま市立「大東小学校」のえいようきょうゆ（えいようし）。

知りたいこと1

きゅう食のこん立はどうやって決めるの？

野さいがたくさん入っている！

なぜこれだけ取りわけているの？

何を食べているの？

学校きゅう食のこん立は、「えいようきょうゆ」という
しかくをもつ、えいようしが考えていることが多いよ。
食事をつくる調理員と協力して、おいしくて、
えいようバランスがいいこん立を用意しているんだ。

調理員は
仕事を分たん
しているみたい。

知りたいこと2

おいしいきゅう食を
つくるくふうは？

頭がすっぽり
かくれているね！

パソコンは
何に使うの？

知りたいこと3

どうして
この服そうなの？

一日の流れ

午前8:30
食ざいをかくにん

9:30
調理のようすの
かくにんや
きゅう食新聞づくり

11:55
アレルギー用
きゅう食を
取りわける

午後0:05
校長先生にチェック
してもらう

0:35
きゅう食の時間の
ようすをかくにん

4:00
調理員と打ち合わせ

明日のかくにんを
しておわり！

31

えいようしの くふうを教えてください

知りたいこと1

こん立は
どうやって決める
のですか?

食べる人がひつようなえいようをバランスよくとれるように、食ざいの組みあわせを決めます。また、決まった時間内で手じゅんどおりに調理できるこん立にすることや、決まったお金の中で食ざいを買うことを心がけています。

ワザのくふう

えいようバランスを考える

体にひつようなえいようがとれるように食ざいをえらび、つくり方を考える。学校のきゅう食は、育ちざかりの子どもたちが食べるので、えいようがかたよらないように、とくに注意する。

手じゅんをかくにん

調理員の人数や、調理場のせつびなどを考えて、時間内につくれるこん立にする。つくる手じゅんや役わり分たんなども調理員と話しあう。

こん立表ができるまでの流れを教えてください!

こん立を考える

チェック1

使う食ざいやつくり方を考える

調理員にこん立をつたえる

チェック1
きせつのおいしい食ざいや、地いきのとくちょうが出るこん立なども考えます。

食べることを楽しめるようにこん立のアイデアを出しているんですね。

チェック2
使う食ざいのりょうが多いので、前もって注文します。

みんなが楽しめるこん立にするくふうはなんですか？

えいようバランスも大事ですが、おいしく食べてもらえるように味のチェックはかならずします。また、食べものにアレルギーがある子どもでもきゅう食を楽しめるように、くふうして調理しています。

食べる人へのくふう

味見をする
子どもたちへ配ぜんする前に、すべてのりょうりを味見。味のこさがちょうどいいように調整する。

もう少し、しょう油を入れようかな？

アレルギー用きゅう食
アレルギーをもつ子どもと食ざいはかならずチェック。その食ざいを入れずに調理したり、食べられるりょうりにかえたりして、ほかとまざらないように取りわけておく。

使うもののくふう

服
調理場にいるときは、白衣、マスク、ぼうしをつける。りょうりをもりつけるときは、使いすて手ぶくろもかならずつける。

パソコン
どの食ざいにどれくらいのえいようそが入っているかなどを計算するときにべんり。きゅう食新聞をつくるときにも役立つ。

服そうや道具のこだわりはありますか？

調理にかかわる人はせいけつにすることがきほんルール。とくに、食事をつくる調理場は注意がひつようです。かみの毛や、つばなどが入らないようにするため、全身をおおう服そうをしています。

食ざいを注文する

チェック2

アレルギー用きゅう食のお知らせをつくる

チェック3

1か月のこん立を表にまとめる
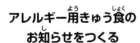

\ きゅう食が楽しみ！/

食ざいの注文もえいようしの仕事なんですね。

チェック3

アレルギーのある子どもの家族には、前もって使う食ざいをつたえています。

食べられないりょうりがないか早めにかくにんできますね！

自分だけの
くふうを教えてください

もっと教えて!

どうして
きゅう食新聞をつくって
いるのですか?

きゅう食は、ただの昼食ではなく、食事について学ぶ大切な時間。教科書がないので、そのかわりにきゅう食新聞をつくっています。自分が食べているものにきょうみをもてるように、こん立にこめた想いや食ざいについてのクイズをのせたり、りょうりのリクエストが書けるようにしたりしています。

今日の
クイズは……。

〇月×日〜〜
★キラキラ大東☆
きゅう食新聞

リクエスト　クイズ!

もっと教えて!

おいしいきゅう食を
つくるコツはなんですか?

きゅう食で新しいりょうりを出す前に、まず自分でつくってたしかめるようにしています。また、よりおいしくつくるために、りょうり教室でプロの味や調理ほうほうも学んでいます。子どもたちに、いろいろなおいしさを知ってもらえるように、外国のりょうりなどにもチャレンジしていますよ。

もっと教えて！

きゅう食をさらに
楽しんでもらうための
くふうはありますか？

きゅう食のつくり方を書いた紙を、子どもたちに配っています。それを見て、できれば家族でいっしょに調理をしてくれたらうれしいですね。親子の会話のきっかけになってもりあがったり、子どもたちがりょうりにきょうみをもってくれたりするといいなと思っています。

おうちで
つくってもらおう！

わたしも！

もっと教えて！

きゅう食でむずかしい
ことはありますか？

小学校では、学年も体の大きさもちがう子どもたちが同じものを食べます。味の感じ方も人それぞれで、とくにからさは、このみがあり、みんながちょうどいいと感じるからさに調せつすることがむずかしいです。それでも、マーボーどうふなど、もともとからいりょうりは、本来の味を生かす調理を考えて、みんなに「おいしい」と言ってもらえるように努力しています。

おいしい！

思ったこと・考えたこと

調理に使う道具は毎日チェックするんだって。こわれた部品などが**きゅう食にまぎれこまないように注意**しているんだね。

外国のりょうりがきゅう食に出ると、わくわくする！　その国に**きょうみがわくきっかけになる**ね。

食べのこしが多かったりょうりは、そ**の理由をかならず考える**そうだよ。次に出すときはのこらないように、味つけなどを調整してくれているんだ！

農家

知りたいことを見つけよう!

教えてくれるのは
久松達央さん

茨城県で「久松農園」をけいえい。
数人のスタッフと野さいを
つくっている。

知りたいこと1

野さいづくりの
コツってなんだろう?

野さいの高さが
きれいに
そろっているね!

??
耳にイヤホンを
つけているのは
なぜ?

??
何を
メモして
いるのかな?

知りたいこと2

どんなものを
使うのかな?

36

えいようたっぷりの野さいをつくっている農家。
おいしい野さいをお客さんにとどけるために、
育て方や出荷の仕方などに、くふうを重ねているんだ。

いろいろな野さいを育てているね！

だんボール箱がいっぱいある！

土は落とさないのかな？

 知りたいこと3

出荷のときに気をつけていることは？

午前6:30
注文をかくにんする

7:00
しゅうかくする

9:00
野さいを整理する

午後1:00
計りょうやふくろづめ

2:00
畑の手入れ

4:00
発送

打ち合わせをしておわり！

37

農家の
くふうを教えてください

知りたいこと1

野さいづくりの
コツを教えて
ください!

わたしの農園では、農薬を使わずに野さいを育てています。ざっ草が生えたり、虫がついたりするので手入れはたいへんですが、その分、どうすればうまく育てられるかを考えて、育て方をくふうしているんですよ。

ワザのくふう

育ち方をそろえる
たくさんの野さいを育てるときは、たねをまく土の深さをそろえるのがポイント。その後の育つスピードも同じになって、手入れしやすくなる。

いろいろなしゅるいを育てる
1しゅるいの野さいだけを育てていると、その野さいを食べる虫ばかりがふえて、食べあらされてしまう。でも、いろいろな野さいを育てるとそれがおさえられる。

ニンジンをしゅうかくするまでを教えてください!

土をたがやす

チェック1

土を高くもりあげる

たねをまく

チェック2

チェック1
たねをまく前に、土のじょうたいをよくすることが大事。ひりょうを土にまぜて、よくたがやします。

土にえいようをあたえて、めが出やすいようにするんですね。

チェック2
きかいで、決まった深さまであなをあけ、そこにたねをまきます。

38

知りたいこと2

どんなものを使いますか?

いつでもスタッフや業者さんとやり取りできるように、畑にいるときはスマートフォンとマイクつきイヤホンを身につけています。また、気づいたことをすぐに書きとめるために、メモ帳とペンもかかせません。

使うもののくふう

そっちの畑のようすは?

マイクつきイヤホン
畑で手を動かしながらでも話ができるように、スマートフォンからコードなしでつなげられる、マイクつきイヤホンを使う。

メモ帳とペン
野さいの育ち具合など、気づいたことは、メモ帳に書きとめて、スタッフみんなにもつたえるようにしている。

お客さんへのくふう

しゅうかくしたらすぐに送る
野さいは朝のうちにしゅうかくし、その日のうちにたく配びんでお客さんへ発送する。とれたてのおいしさをとどけるためのくふう。

土をのこす
野さいにとって、土は家のようなもの。元気な野さいをとどけたいから、少し土をつけたままで出荷している。

知りたいこと3

出荷するときに気をつけていることはありますか?

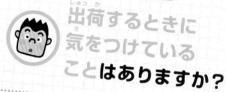

農家の多くは、野さいを市場などを通してスーパーなどにおろしていますが、わたしはけいやくしているお客さんにたく配びんで直せつとどけています。とれたての野さいのおいしさを味わってもらいたいからです。

めが出る

手入れする

しゅうかくする

\できた!/

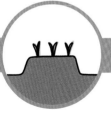

チェック3

正かくに深さをはかって、たねをまいているんですね。

チェック3

まわりのざっ草を取ったり、野さいを食べる虫を取りのぞいたりしています。

農薬を使わないから、手入れもたいへんですね。

自分だけの
くふうを教えてください

もっと教えて！

とどける野さいは どうやって えらぶんですか？

わたしたちがおすすめしたい野さいをいろいろ組みあわせて、セットにして送っています。でも、とくにしゅるいは決めていないんですよ。同じ野さいでも、その年によって味がいいとき、よくないときがあります。しゅるいにこだわらず、味がいいものをえらんでお客さんにとどけたほうが、まんぞくしてもらえると考えています。

今年の秋はニンジンがおいしくできたので、多めに入れよう。

もっと教えて！

どうして農薬を 使わない野さいづくり をしているのですか？

ニンジンがたくさん！今年はニンジンがおいしいのね。

農薬を使わないほうが、野さいが本当に元気に育っているかどうか見えるので、おいしい野さいをつくるくふうにつながるんですよ。自分の力でたくましく育った野さいは、力強くて味がこい気がします。このおいしさを多くの人に知ってもらいたいですね。

野さいづくりのどんな
ところが楽しいですか?

一つはしぜんのふしぎさに出会えることです。野さいづくりを通して、きせつのうつりかわりや、虫の生たいなどにふれてきましたが、しぜんは知れば知るほどおもしろいことばかり。そんな中で、どうすればおいしい野さいができるかを考えることが、わたしなりのくふうですね。

なぜキャベツには
アオムシいがいの
虫がつきにくいん
だろう……?

心がけていることを
教えてください!

知ったこと、気づいたことはすぐにスタッフにつたえ、パソコンに入力してデータ化し、みんなが同じじょうほうをもつようにしています。これをつみかさねれば、スタッフたちがたくさんの知しきをもてるので、よりしっぱいの少ない野さいづくりができるようになると思います。

雨が多いときの
対さくは……。

○月×日ニンジン畑

思ったこと・考えたこと

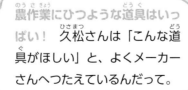
とれたての野さいはおいしかった!このおいしさをとどけるために、久松さんはお客さんへ直せつ送るほうほうをえらんだんだね。

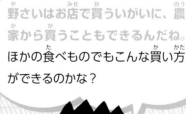
農作業にひつような道具はいっぱい! 久松さんは「こんな道具がほしい」と、よくメーカーさんへつたえているんだって。

野さいはお店で買ういがいに、農家から買うこともできるんだね。ほかの食べものでもこんな買い方ができるのかな?

写真や絵をたくさん使って
ほうこくする文章をつくろう！

ユウマさんは「仕事のくふう」を見つけるために、ケーキ屋さんへ行ったよ。
パティシエのいろいろなくふうで、カラフルでおいしそうなケーキが
いっぱいつくられていることをみんなにつたえたいんだって。

ステップ 1　　　　　ユウマさんはどんなところに注目したのかな？

ケーキ屋さん
を見学したよ！

こんなメモを
とったよ！

●ケーキのしゅるい
ショートケーキ／
フルーツタルト／シュークリーム
などいろいろ

●スポンジ生地のつくり方
①たまごとさとうを
　温めながらよくまぜる。
②ミキサーであわ立てる。
③ふるっておいた小麦粉をくわえてまぜ、
　さらにバターと牛にゅうを
　くわえてまぜる。
④かたに入れてオーブンでやく。

●ケーキづくりのコツ
・ざいりょうをはかる。
　まちがいのないように
　はかる回数は2回！
・はかりまちがえると
　できあがりがかわる。
・小麦粉をふるうのは
　空気をふくませるため。
・小麦粉をふるわないと
　かたまりができてふんわりしない。

インタビュー
★レシピ（ざいりょうやつくり方）
のアイデアはいつも考えている。
おいしいくだものを食べたとき
などに思いつくことが多い。

★レシピはつくる前にかくにん！
なれていても、うっかり
まちがえることもあるので、
いつも見かえしてかくにんする。

ステップ**2**

メモを
ふりかえって
みよう！

ユウマさんはメモを読み
なおして、みんなにつたえたい
「わかったこと」を3つ見つけたよ。

> この3つの
> わかったことは
> ほうこくしたいな！

メモチェック1

ケーキのしゅるい

ショートケーキ／フルーツタルト／
シュークリーム　などいろいろ

スポンジ生地のつくり方

① たまごとさとうを
　温めながらよくまぜる。
② ミキサーであわ立てる。
③ ふるっておいた小麦粉をくわえてまぜ、
　さらにバターと牛にゅうを
　くわえてまぜる。
④ かたに入れてオーブンでやく。

> わかった
> こと(1)

メモチェック2

ケーキづくりのコツ

・ざいりょうをはかる。まちがいの
　ないようにはかる回数は2回！
・はかりまちがえるとできあがりがかわる。
・小麦粉をふるうのは空気をふくめるため。
・小麦粉をふるわないと、ほかのものとまぜて生地
　にしたときにかたまりができてうまくまざらない。

> わかった
> こと(2)

メモチェック3

インタビュー

★レシピ（ざいりょうやつくり方）の
　アイデアはいつも考えている。
　おいしいくだものを食べたときなどに
　思いつくことが多い。
★レシピはつくる前にかくにん！
　なれていても、うっかりまちがえることも
　あるので、いつも見かえしてかくにんする。

> わかった
> こと(3)

> （1）はどんなふうに
> しているのかな？
> （2）は、ことばだけだと
> ちょっとわかりづらいな。

写真や絵をつけて、
くわしくせつめいしたらどうかな？

わかったこと(1)に使えそうな写真があったよ！

①から④の
写真を集めたよ。

写真があると
ようすが
わかりそう！

わかったこと(2)を絵でかいてみたよ！

やく前の生地を
絵にしたよ。
白いつぶが
小麦粉だよ。

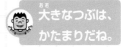
大きなつぶは、
かたまりだね。

43

ステップ3

写真と絵を整理しよう！

わかったこと（1）と（2）のせつめいに使う写真や絵を整理してみたよ。それぞれことばをつけたしてわかりやすくつたわるように考えたんだ。

つたわりやすくできるといいな！

整理1 写真をならべてことばをつけたす

わかったこと（1）

スポンジ生地は4つの手順でつくる。パティシエの三谷さんは、ようすをこまめにたしかめながらつくっていた。

たまごとさとうを温めながらよくまぜる。

ミキサーであわ立てる。

ふるっておいた小麦粉をくわえてまぜ、さらにバターと牛にゅうをくわえてまぜる。

かたに入れてオーブンでやく。

考えたこと（1）

毎日のようにくりかえしつくっている生地でも、かくにんしながら作業することが大事なんだ。

それぞれの写真の下に、つくり方を入れると読みやすいね。

整理2 絵にことばをつけたす

わかったこと（2）

小麦粉をふるう理由は主に2つ。

理由1
小麦粉に空気をふくめて、ふんわりさせるため。

理由2
ふるわないと右の絵のようにかたまりができて、ほかのざいりょうとうまくまざらない。

●ふるわなかったとき
ざいりょうをまぜおわったときの生地
小麦粉のかたまり

文字で絵のせつめいを入れたから、もっとわかりやすくなった！

考えたこと（2）

ていねいな作業をつみかさねて、おいしい生地をつくりだしているんだ。

ステップ❸ でつくったメモと
写真や絵を組みあわせて、
ほうこくする文章を
つくってみたよ。

このシリーズでは、さまざまな
タイプのほうこくする文章の
書き方をしょうかいしているよ！
いろいろなまとめ方にチャレンジしてね！

パティシエのケーキづくりのくふう

山中 悠真

1. 調べた理由

ぼくはケーキが大すきです。いつも食べてばかりなので、一度自分でつくってみたいと思っています。ケーキ屋さんがどんなつくり方をしているのか、知りたくなりました。

2. 調べ方

近所のケーキ屋さん「アミティエ」のパティシエ・三谷さんにお話を聞きました。また、おかしづくりの本などを読んで、ケーキのつくり方を調べました。

3. 調べてわかったこと

写真とせつめい
を入れたよ！

（1）スポンジ生地のつくり方

きほんの生地のつくり方は次のとおりです。

①たまごとさとうを温めながらよくまぜる。

②ミキサーであわ立てる。

③ふるっておいた小麦粉をくわえてまぜ、
　さらにバターと牛にゅうをくわえてまぜる。

④かたに入れてオーブンでやく。

①たまごとさとうを温めながらよくまぜる。

②ミキサーであわ立てる。

③ふるっておいた小麦粉をくわえてまぜ、さらにバターと牛にゅうをくわえてまぜる。

④かたに入れてオーブンでやく。

三谷さんは、生地のようすを目でたしかめながら、ていねいに作業していました。

くりかえしつくっている生地でも、たしかめながら作業することが、いつもおいしいケーキをつくるコツなのだと思います。

（2）こなをふるう理由

生地をつくる前に、三谷さんは小麦粉をふるいます。その理由は2つあるそうです。

理由① 小麦粉に空気をふくめて、ふんわりさせるため。

理由② ふるわないと右の絵のようにかたまりができて、ほかのざいりょうとうまくまざらない。

●ふるわなかったとき

ざいりょうを
まぜおわったときの生地

小麦粉のかたまり

理由を絵でも
せつめいしたよ！

おいしい生地をつくるには、小麦粉をふるうことがひつようだとは知らなかったので、びっくりしました。でも、このようにていねいな作業をすれば、ふわふわの生地ができると知り、ぜひやってみたいと感じました。

（3）おかしのアイデア

アミティエで売られているおかしは、すべて三谷さんが自分で考えています。だから、三谷さんはいつもおかしのことを考えていると言っていました。たとえば、おいしいくだものを食べたとき、「この味には、こう茶のかおりが合いそう」などのアイデアがうかび、ためしにつくってみるそうです。

写真のポイント!

見学に行くとき 役に立つね!

写真は、文章で書いたことをよりわかりやすくしてくれるね。
どんな人が見ても、じょうほうがうまくつたわる写真をとろう!

えいようし(→ 30ページ)でチャレンジ!

見せたいものを くふうして見やすくとろう!

実さいのきゅう食新聞をわかりやすく写真でのせたい!

ポイント!

見せたいものを考えて、写真をとるといいね。正面からとったり、場合によっては横からとったりして、つたえたいことがよくわかる写真を目指そう!

かたむいたり、切れたりすると見にくいけれど、まっすぐだと見やすい! これならじょうほうがつたわりやすくなるね。

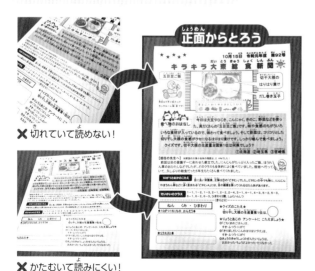

正面からとろう

✕ 切れていて読めない!

✕ かたむいて読みにくい!

👍 **これでできた!** 写真が見やすいと、正かくにつたわるね!

とるものとの きょりをくふうしよう!

五目豆ごはんにいろいろな具が入っていることをつたえたい!

なべの大きさをつたえたい!

ポイント!

近づくと、細かいじょうほうがつたえられる。遠ざかると、まわりのじょうほうもいっしょにつたえられるよ。

五目豆ごはんをアップにしたら、入ってるものがよく見えたよ!

近づいてとろう

✕ 具までは見えない!

人とくらべると、なべの大きさがよくわかる!

大きさのわかるものととろう

✕ 大きいかわからない!

👍 **これでできた!** つたえたいじょうほうがよくわかるね!

さくいん

監修 岡田博元（おかだひろもと）
（お茶の水女子大学附属小学校）

千葉県生まれ。文教大学教育学部初等教育課程、埼玉大学大学院教育学研究科を修了。専門は国語科教育学、臨床教育学。国語教科書編集委員（光村図書）。

イラスト	CHO-CHAN
キャラクターイラスト	仲田まりこ
デザイン	山﨑まりな (chocolate.)
編　集	西野 泉、豊島杏実、久保緋菜乃、木村舞美（ウィル）、平山祐子、小園まさみ
校　正	文字工房燦光
取材協力	ガスト小金井前原店、French Bistro zoshigaya miyabi、千駄木 鮨隆、アミティエ 神楽坂、さいたま市立大東小学校、久松農園

＊この本のイラストは、実さいの店やしせつのようすと、ちがう場合があります。

調べてまとめる! 仕事のくふう②

パティシエ・えいようし・農家など　食べものをつくる・売る仕事

発　行	2020年4月　第1刷 2024年6月　第2刷
監　修	岡田博元（お茶の水女子大学附属小学校）
発行者	加藤裕樹
編　集	片岡陽子
発行所	株式会社ポプラ社 〒141-8210　東京都品川区西五反田3-5-8 ホームページ　www.poplar.co.jp
印刷・製本	図書印刷株式会社

ISBN 978-4-591-16538-6　N.D.C.375　47p　27cm　Printed in Japan

調べてまとめる！ 仕事のくふう

全5巻

監修：岡田博元（お茶の水女子大学附属小学校）

1巻
スーパー・パン屋さん・花屋さん など
商店がいのお店の仕事　N.D.C. 375

2巻
パティシエ・えいようし・農家 など
食べものをつくる・売る仕事　N.D.C. 375

3巻
医者・じゅう医・消ぼうかん など
いのちをまもる仕事　N.D.C. 375

4巻
ホテルスタッフ・美ようし・洋服屋さん など
楽しいくらしをつくる仕事　N.D.C. 375

5巻
バス運転し・大工・電気工事作業員 など
くらしをべんりにする仕事　N.D.C. 375

小学校低学年〜中学年向き
各 47 ページ
AB 判　オールカラー

図書館用特別堅牢製本図書